DECLARATION

DV ROY, PORTANT

Reglement general fur la Iurifdiction & fon-
ctiõ des Preuofts, Vice-
Baillifs, Vi-Senefchaux
& leurs Lieutenans.

Verifiée en Parlement le 5. Iuillet 1636.

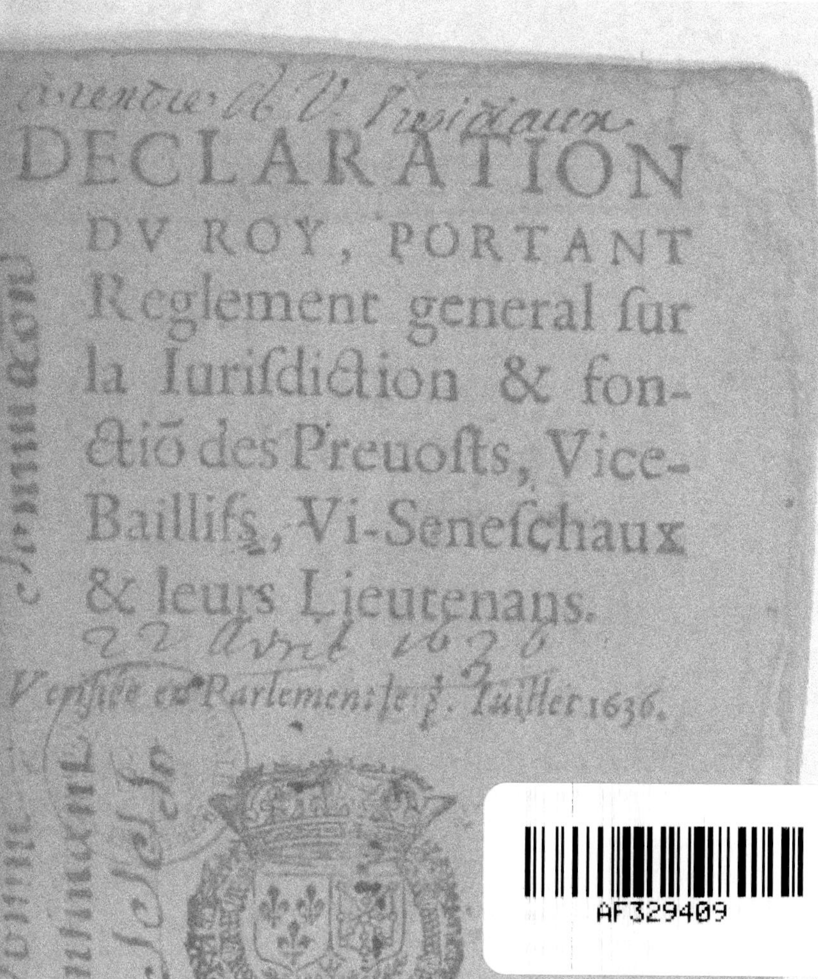

A PARIS,

Par A. ESTIENE, P. METTAYER, C. PREVOST
& P. ROCOLET, Impr. ordinaires du Roy,

*Ruë S. Iaques au College Royal, & au Palais place du
Change, à l'Oliuier de Robert Eſtiene.*

M. DC. XXXVI.

Auec Priuilege de ſa Maieſté.

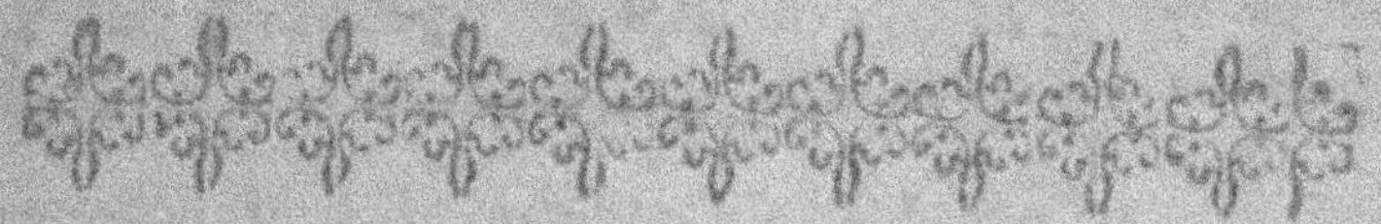

OVIS par la grace de Dieu Roy de France & de Nauarre , A tous ceux qui ces presentes Lettres verront , Salut. LES Roys nos Predecesseurs ayant estably les Preuosts de nos tres chers Cousins les Mareschaux de France, les Vice-Baillifs, Vi-Seneschaux & leurs Lieutenans : & pris soin comme nous, de pouruoir esdites charges, de personnes qualifiées, la pluspart Gentils-hommes, qui peussent par leur vertu & generosité, s'employer à la capture & punition des malfaicteurs : ET bien que le seruice qu'ils nous rendent en plusieurs occasions importantes, au peril de leurs vies, nous oblige à les authori-

A ii

ser & traitter fauorablement : Les diuerses plaintes qui nous ont esté faites, qu'aucuns d'entr'eux abusent de l'authorité de leurs charges, & que ce desordre pourroit continuer à l'oppression de nos Subjets, s'il n'y estoit par nous pourueu par vn Reglement general : A CES CAVSES, DE L'ADVIS de nostre Conseil, & de nostre certaine science, plaine puissance & authorité Royale, NOVS auons dit & declaré, disons & declarons, voulons & nous plaist :

I.

Qu'outre les Reglemens generaux & particuliers sur la Iurisdiction & fonction desdits Preuosts, Vice-Baillifs, Vi-Seneschaux & leurs Lieutenans, que nous voulons demeurer en leur force & vertu en ce qui ne sera contraire à ces presentes, ils facent residence actuelle &

continuelle és lieux de leurs esta-
blissemens, leur faisant defenses de
faire aucune information ny rece-
uoir aucune plainte hors la Prouin-
ce & ressort de leur residence, sinon
en flagrant delict, & en passant lors
qu'ils seront à la recerche & pour-
suitte de quelques malfaicteurs.

II.

Qu'ils ne pourront informer que
des cas qui leur sont attribuez par
nos Ordonnances: Constituer aucuns prisonniers sans decret: Ny
decreter sans communication precedente aux Substituts de nos Procureurs Generaux, si ce n'est en flagrant delict: A la charge neátmoins
audit cas, d'informer, decreter &
bailler copie des exploits aux accusez dans vingt-quatre heures apres.

III.

A l'instant qu'ils auront pris vn

accusé, ils le mettront en prison s'ils
sont dans vne Ville ou lieu où il y
en ayt:& s'ils sont à la campagne, ils
les y feront conduire au plus tard
dans vingt-quatre heures , leur de-
fendant de faire chartres priuées
dans leurs maisons ny ailleurs , à
peine de priuation de leurs charges.

I V.

ET dautant que nous sommes
informez, que depuis quelques an-
nées, aucuns Presidiaux se sont dis-
pensez de juger des competances
sur de simples informations, auant
la capture des accusez, & ainsi les de-
boutent de leurs declinatoires auãt
qu'ils ayent esté proposez , & sans
en sçauoir les causes, ce qui est dire-
ctement contraire à nos Ordonnances : Novs auons cassé & an-
nullé tous les Iugemens de ceste

qualité, si aucuns y a qui n'ayent esté
executez. faict & faisons tres-expres-
ses inhibitions & defenses ausdits
Presidiaux , de donner cy-apres de
pareils Iugemens , à peine de priuation de leurs charges.

V.

Voulons & ordonnons que les
accusez soiét interrogez dans vingt-
quatre heures apres la capture, & sur
leurs declinatoires , qu'ils soient có-
duits par lesdits Preuosts dans trois
iours au plus-tard, aux prisós du Siege Presidial plus proche du lieu de
la capture ou du crime cómis , pour
estre fait droict sur la competance
ou incompetance , laquelle ne se
pourra juger que les accusez ne soiét
oüys par leurs bouches sur les rai-
sons de leurs declinatoires dans ledit
Presidial , à peine de nullité , & d'en
répondre par les Iuges & Preuosts

en leurs propres & priuez noms,

VI.

ET si aucuns des accusez, pre-
tendans les Preuosts leurs estre sus-
pects ou incompetans, se vont ren-
dre volontairement és prisons du
Siege Presidial plus proche du lieu
auquel le delict aura esté commis :
Novs enjoignons ausdits Preuosts
sur les mesmes peines, d'y porter ou
enuoyer les informatiõs, pour estre
fait droict sur leurs competances
ou incompetances.

VII.

Apres le Iugement desquelles
competances, seront tenus lesdits
Preuosts & Vi Seneschaux, de pro-
ceder dans les vingt-quatre heures, à
l'interrogatoire & instructiõ du procez, appellez auec eux, leurs Asses-
seurs, s'il y en a de pourueus, sinon les
Lieutenans Criminels du plus pro-
chain

chain Siege Royal, & en leur absence ou recusation, l'Assesseur Criminel, premier Conseiller, ou autre Iuge de degré en degré, sans qu'il leur soit loisible de faire choix de Iuges pour l'instruction : pendant laquelle, & auant le Iugement definitif du proces, ne pourront élargir les prisonniers, ny faire main-leuée des biens saisis, sans communication precedente aux Substituts de nosdits Procureurs Generaux, & sans l'aduis des Officiers desdits Sieges.

VIII.

ET dautant qu'aucuns desdits Preuosts, traduisent les accusez en des Presidiaux éloignez, ce qui ne se peut faire qu'auec dessein de commettre quelque abus en faueur ou contre les accusez; NOVS voulons & ordonnons qu'ils facent iuger tous les proces par eux instruits,

dans les Presidiaux plus proches du
lieu de la capture des accusez ou des
crimes commis, ou dans vn Siege
Royal, pourueu qu'il y ayt nombre
de nos Officiers requis par nos Ordonnances.

I X.

ET en cas qu'il y ayt vn Siege Presidial plus proche du lieu du crime
commis, ou de la capture de l'accusé, que celuy auquel le procez sera
iugé, N o v s declarons nuls tels Iugemens, & voulons que les Iuges
qui y auront assisté, soient condamnez en leurs propres & priuez noms,
aux dommages & interests des par-
ties, & suspendus auec lesdits Preuosts, de leurs charges pour vn an
la premiere fois, & priuez d'icelles
pour la seconde, Ne pouuant impu-
ter telle contrauétion à nos Ordonnances, qu'à vn dessein affecté d'a-

buſer du miniſtere de iuſtice.

X.

NE pourront leſdits Preuoſts tra-
uailler à l'inſtruction des procez,
que dans les priſons, & non en leurs
logis ny autres maiſons priuées : Et
demeurerôt toutes les pieces & pro-
cedures en leurs Greffes, ſans que
leſdits Preuoſts & Vi-Seneſchaux
les puiſſét retenir entre leurs mains
auparauant ou depuis les procez
iugez, non-plus que les procez verbaux de queſtion & d'execution des
accuſez condamnez à mort, deſ-
quels procez verbaux il demeurera
copie au Greffe du Siege où le procez aura eſté iugé, attachée au double du Iugement.

SI DONNONS EN MANDE-
MENT à nos amez & feaux Con-
ſeillers les Gens tenans nos Cours
de Parlemens, Baillifs, Seneſchaux,

Preuosts & autres Iuges ou leurs
Lieutenans, Qu'ils facent lire, pu-
blier & regiftrer ces prefentes, &
icelles entretenir, garder & obfer-
uer inuiolablement, fans permettre
qu'il y foit contreuenu: CAR tel eft
noftre plaifir. DONNE' à Chantil-
ly le vingt-deuxiéme iour d'Auril,
l'an de grace mil fix cens trente-fix,
& de noftre regne le vingt-fixieme.
Signé, LOVIS : Et fur le reply, Par
le Roy, DE LOMENIE, & feel-
lées fur double queuë du grand Seau
de cire jaune. Et encor eft écrit :

Leuës, publiées & regiftrées, Oüy &
ce requerant le Procureur General du
Roy, pour eftre executées, gardées & ob-
feruées felon leur forme & teneur, Et co-
pies collationnées aux originaux d'icelles,
enuoyées aux Bailliages & Senefchauf-
fées de ce reffort, pour y eftre pareillemene

leuës, publiées, registrées & executées à
la diligence des Substituts dudit Procureur General, ausquels enjoint d'y tenir la
main, & en certifier la Cour auoir ce fait
au mois, A Paris en Parlement le huit-
tiéme iour de Iuillet, mil six cens trente-
six.

Signé, DV TILLET.

Herr [illegible]

[illegible] [illegible]

[illegible] [illegible] [illegible] [illegible]

[illegible] [illegible] [illegible]

[illegible] [illegible]

[illegible]

Incontinant et clame dellay aimand Sr de
commissionner Subdelegué
a province dauuiugn
Concou[r] Hebert